do all
the
things!

on your to-do list

DATE: _____   M T W T F S S

TOP 3 PRIORITIES FOR THE DAY

☐ _____
☐ _____
☐ _____

MY TO DO LIST

☐ _____
☐ _____
☐ _____
☐ _____
☐ _____
☐ _____
☐ _____
☐ _____
☐ _____
☐ _____
☐ _____
☐ _____
☐ _____
☐ _____
☐ _____
☐ _____

NOTES

DATE: _____   M T W T F S S

TOP 3 PRIORITIES FOR THE DAY

- [ ] _____
- [ ] _____
- [ ] _____

MY TO DO LIST

- [ ] _____
- [ ] _____
- [ ] _____
- [ ] _____
- [ ] _____
- [ ] _____
- [ ] _____
- [ ] _____
- [ ] _____
- [ ] _____
- [ ] _____
- [ ] _____
- [ ] _____
- [ ] _____
- [ ] _____

NOTES

DATE: _____   M T W T F S S

TOP 3 PRIORITIES FOR THE DAY

☐ _____
☐ _____
☐ _____

MY TO DO LIST

☐ _____
☐ _____
☐ _____
☐ _____
☐ _____
☐ _____
☐ _____
☐ _____
☐ _____
☐ _____
☐ _____
☐ _____
☐ _____
☐ _____
☐ _____
☐ _____

NOTES

DATE: _____   M T W T F S S

TOP 3 PRIORITIES FOR THE DAY

- [ ] _____
- [ ] _____
- [ ] _____

MY TO DO LIST

- [ ] _____
- [ ] _____
- [ ] _____
- [ ] _____
- [ ] _____
- [ ] _____
- [ ] _____
- [ ] _____
- [ ] _____
- [ ] _____
- [ ] _____
- [ ] _____
- [ ] _____
- [ ] _____
- [ ] _____

NOTES

DATE: _____   M T W T F S S

TOP 3 PRIORITIES FOR THE DAY

- [ ] _____
- [ ] _____
- [ ] _____

MY TO DO LIST

- [ ] _____
- [ ] _____
- [ ] _____
- [ ] _____
- [ ] _____
- [ ] _____
- [ ] _____
- [ ] _____
- [ ] _____
- [ ] _____
- [ ] _____
- [ ] _____
- [ ] _____
- [ ] _____
- [ ] _____
- [ ] _____

NOTES

DATE: _____   M T W T F S S

TOP 3 PRIORITIES FOR THE DAY

☐ _____
☐ _____
☐ _____

MY TO DO LIST

☐ _____
☐ _____
☐ _____
☐ _____
☐ _____
☐ _____
☐ _____
☐ _____
☐ _____
☐ _____
☐ _____
☐ _____
☐ _____
☐ _____
☐ _____

NOTES

DATE: _____   M T W T F S S

TOP 3 PRIORITIES FOR THE DAY

- [ ] _____
- [ ] _____
- [ ] _____

MY TO DO LIST

- [ ] _____
- [ ] _____
- [ ] _____
- [ ] _____
- [ ] _____
- [ ] _____
- [ ] _____
- [ ] _____
- [ ] _____
- [ ] _____
- [ ] _____
- [ ] _____
- [ ] _____
- [ ] _____
- [ ] _____
- [ ] _____

NOTES

DATE: _____   M T W T F S S

TOP 3 PRIORITIES FOR THE DAY

☐ _____
☐ _____
☐ _____

MY TO DO LIST

☐ _____
☐ _____
☐ _____
☐ _____
☐ _____
☐ _____
☐ _____
☐ _____
☐ _____
☐ _____
☐ _____
☐ _____
☐ _____
☐ _____
☐ _____

NOTES

DATE: _____   M T W T F S S

TOP 3 PRIORITIES FOR THE DAY

☐
☐
☐

MY TO DO LIST

☐
☐
☐
☐
☐
☐
☐
☐
☐
☐
☐
☐
☐
☐
☐
☐

NOTES

DATE: _____   M T W T F S S

TOP 3 PRIORITIES FOR THE DAY

- [ ] _____
- [ ] _____
- [ ] _____

MY TO DO LIST

- [ ] _____
- [ ] _____
- [ ] _____
- [ ] _____
- [ ] _____
- [ ] _____
- [ ] _____
- [ ] _____
- [ ] _____
- [ ] _____
- [ ] _____
- [ ] _____
- [ ] _____
- [ ] _____
- [ ] _____

NOTES

DATE: _____   M T W T F S S

TOP 3 PRIORITIES FOR THE DAY

- [ ] _____
- [ ] _____
- [ ] _____

MY TO DO LIST

- [ ] _____
- [ ] _____
- [ ] _____
- [ ] _____
- [ ] _____
- [ ] _____
- [ ] _____
- [ ] _____
- [ ] _____
- [ ] _____
- [ ] _____
- [ ] _____
- [ ] _____
- [ ] _____
- [ ] _____

NOTES

DATE: _____   M T W T F S S

TOP 3 PRIORITIES FOR THE DAY

- [ ] _____
- [ ] _____
- [ ] _____

MY TO DO LIST

- [ ] _____
- [ ] _____
- [ ] _____
- [ ] _____
- [ ] _____
- [ ] _____
- [ ] _____
- [ ] _____
- [ ] _____
- [ ] _____
- [ ] _____
- [ ] _____
- [ ] _____
- [ ] _____
- [ ] _____

NOTES

DATE: _____   M T W T F S S

TOP 3 PRIORITIES FOR THE DAY

- [ ] _____
- [ ] _____
- [ ] _____

MY TO DO LIST

- [ ] _____
- [ ] _____
- [ ] _____
- [ ] _____
- [ ] _____
- [ ] _____
- [ ] _____
- [ ] _____
- [ ] _____
- [ ] _____
- [ ] _____
- [ ] _____
- [ ] _____
- [ ] _____
- [ ] _____
- [ ] _____

NOTES

DATE: _____   M T W T F S S

TOP 3 PRIORITIES FOR THE DAY

☐ _____
☐ _____
☐ _____

MY TO DO LIST

☐ _____
☐ _____
☐ _____
☐ _____
☐ _____
☐ _____
☐ _____
☐ _____
☐ _____
☐ _____
☐ _____
☐ _____
☐ _____
☐ _____
☐ _____

NOTES

DATE: _____   M T W T F S S

TOP 3 PRIORITIES FOR THE DAY

- [ ]
- [ ]
- [ ]

MY TO DO LIST

- [ ]
- [ ]
- [ ]
- [ ]
- [ ]
- [ ]
- [ ]
- [ ]
- [ ]
- [ ]
- [ ]
- [ ]
- [ ]
- [ ]
- [ ]

NOTES

DATE: _____   M T W T F S S

TOP 3 PRIORITIES FOR THE DAY

☐ _____
☐ _____
☐ _____

MY TO DO LIST

☐ _____
☐ _____
☐ _____
☐ _____
☐ _____
☐ _____
☐ _____
☐ _____
☐ _____
☐ _____
☐ _____
☐ _____
☐ _____
☐ _____
☐ _____

NOTES

DATE: _____   M T W T F S S

TOP 3 PRIORITIES FOR THE DAY

☐ _____
☐ _____
☐ _____

MY TO DO LIST

☐ _____
☐ _____
☐ _____
☐ _____
☐ _____
☐ _____
☐ _____
☐ _____
☐ _____
☐ _____
☐ _____
☐ _____
☐ _____
☐ _____
☐ _____

NOTES

DATE: _____   M T W T F S S

TOP 3 PRIORITIES FOR THE DAY

☐ _____
☐ _____
☐ _____

MY TO DO LIST

☐ _____
☐ _____
☐ _____
☐ _____
☐ _____
☐ _____
☐ _____
☐ _____
☐ _____
☐ _____
☐ _____
☐ _____
☐ _____
☐ _____
☐ _____

NOTES

DATE: _____   M T W T F S S

TOP 3 PRIORITIES FOR THE DAY

- [ ] _____
- [ ] _____
- [ ] _____

MY TO DO LIST

- [ ] _____
- [ ] _____
- [ ] _____
- [ ] _____
- [ ] _____
- [ ] _____
- [ ] _____
- [ ] _____
- [ ] _____
- [ ] _____
- [ ] _____
- [ ] _____
- [ ] _____
- [ ] _____
- [ ] _____
- [ ] _____

NOTES

DATE: _____   M T W T F S S

TOP 3 PRIORITIES FOR THE DAY

☐ _____
☐ _____
☐ _____

MY TO DO LIST

☐ _____
☐ _____
☐ _____
☐ _____
☐ _____
☐ _____
☐ _____
☐ _____
☐ _____
☐ _____
☐ _____
☐ _____
☐ _____
☐ _____
☐ _____

NOTES

DATE: _____   M T W T F S S

TOP 3 PRIORITIES FOR THE DAY

- [ ] _____
- [ ] _____
- [ ] _____

MY TO DO LIST

- [ ] _____
- [ ] _____
- [ ] _____
- [ ] _____
- [ ] _____
- [ ] _____
- [ ] _____
- [ ] _____
- [ ] _____
- [ ] _____
- [ ] _____
- [ ] _____
- [ ] _____
- [ ] _____
- [ ] _____

NOTES

DATE: _____   M T W T F S S

TOP 3 PRIORITIES FOR THE DAY

☐ _____
☐ _____
☐ _____

MY TO DO LIST

☐ _____
☐ _____
☐ _____
☐ _____
☐ _____
☐ _____
☐ _____
☐ _____
☐ _____
☐ _____
☐ _____
☐ _____
☐ _____
☐ _____
☐ _____
☐ _____

NOTES

DATE: _____   M T W T F S S

TOP 3 PRIORITIES FOR THE DAY

- [ ] _____
- [ ] _____
- [ ] _____

MY TO DO LIST

- [ ] _____
- [ ] _____
- [ ] _____
- [ ] _____
- [ ] _____
- [ ] _____
- [ ] _____
- [ ] _____
- [ ] _____
- [ ] _____
- [ ] _____
- [ ] _____
- [ ] _____
- [ ] _____
- [ ] _____

NOTES

DATE: _____   M T W T F S S

TOP 3 PRIORITIES FOR THE DAY

☐ _____
☐ _____
☐ _____

MY TO DO LIST

☐ _____
☐ _____
☐ _____
☐ _____
☐ _____
☐ _____
☐ _____
☐ _____
☐ _____
☐ _____
☐ _____
☐ _____
☐ _____
☐ _____
☐ _____

NOTES

DATE: _____   M T W T F S S

TOP 3 PRIORITIES FOR THE DAY

☐ _____
☐ _____
☐ _____

MY TO DO LIST

☐ _____
☐ _____
☐ _____
☐ _____
☐ _____
☐ _____
☐ _____
☐ _____
☐ _____
☐ _____
☐ _____
☐ _____
☐ _____
☐ _____
☐ _____
☐ _____

NOTES

DATE: _____   M T W T F S S

TOP 3 PRIORITIES FOR THE DAY

☐ _____
☐ _____
☐ _____

MY TO DO LIST

☐ _____
☐ _____
☐ _____
☐ _____
☐ _____
☐ _____
☐ _____
☐ _____
☐ _____
☐ _____
☐ _____
☐ _____
☐ _____
☐ _____
☐ _____

NOTES

DATE: _____   M T W T F S S

TOP 3 PRIORITIES FOR THE DAY

- [ ]
- [ ]
- [ ]

MY TO DO LIST

- [ ]
- [ ]
- [ ]
- [ ]
- [ ]
- [ ]
- [ ]
- [ ]
- [ ]
- [ ]
- [ ]
- [ ]
- [ ]
- [ ]
- [ ]
- [ ]

NOTES

DATE: _____   M T W T F S S

TOP 3 PRIORITIES FOR THE DAY

- [ ] _____
- [ ] _____
- [ ] _____

MY TO DO LIST

- [ ] _____
- [ ] _____
- [ ] _____
- [ ] _____
- [ ] _____
- [ ] _____
- [ ] _____
- [ ] _____
- [ ] _____
- [ ] _____
- [ ] _____
- [ ] _____
- [ ] _____
- [ ] _____
- [ ] _____

NOTES

DATE: _____   M T W T F S S

TOP 3 PRIORITIES FOR THE DAY

☐ _____
☐ _____
☐ _____

MY TO DO LIST

☐ _____
☐ _____
☐ _____
☐ _____
☐ _____
☐ _____
☐ _____
☐ _____
☐ _____
☐ _____
☐ _____
☐ _____
☐ _____
☐ _____
☐ _____

NOTES

DATE: _____   M T W T F S S

TOP 3 PRIORITIES FOR THE DAY

- [ ] _____
- [ ] _____
- [ ] _____

MY TO DO LIST

- [ ] _____
- [ ] _____
- [ ] _____
- [ ] _____
- [ ] _____
- [ ] _____
- [ ] _____
- [ ] _____
- [ ] _____
- [ ] _____
- [ ] _____
- [ ] _____
- [ ] _____
- [ ] _____
- [ ] _____

NOTES

DATE: _____   M T W T F S S

TOP 3 PRIORITIES FOR THE DAY

☐ _____
☐ _____
☐ _____

MY TO DO LIST

☐ _____
☐ _____
☐ _____
☐ _____
☐ _____
☐ _____
☐ _____
☐ _____
☐ _____
☐ _____
☐ _____
☐ _____
☐ _____
☐ _____
☐ _____
☐ _____

NOTES

DATE: _____   M T W T F S S

TOP 3 PRIORITIES FOR THE DAY

☐ _____
☐ _____
☐ _____

MY TO DO LIST

☐ _____
☐ _____
☐ _____
☐ _____
☐ _____
☐ _____
☐ _____
☐ _____
☐ _____
☐ _____
☐ _____
☐ _____
☐ _____
☐ _____
☐ _____
☐ _____

NOTES

DATE: _____   M T W T F S S

TOP 3 PRIORITIES FOR THE DAY

- [ ]
- [ ]
- [ ]

MY TO DO LIST

- [ ]
- [ ]
- [ ]
- [ ]
- [ ]
- [ ]
- [ ]
- [ ]
- [ ]
- [ ]
- [ ]
- [ ]
- [ ]
- [ ]
- [ ]

NOTES

DATE: _____   M T W T F S S

TOP 3 PRIORITIES FOR THE DAY

- [ ] _____
- [ ] _____
- [ ] _____

MY TO DO LIST

- [ ] _____
- [ ] _____
- [ ] _____
- [ ] _____
- [ ] _____
- [ ] _____
- [ ] _____
- [ ] _____
- [ ] _____
- [ ] _____
- [ ] _____
- [ ] _____
- [ ] _____
- [ ] _____
- [ ] _____

NOTES

DATE: _____   M T W T F S S

TOP 3 PRIORITIES FOR THE DAY

- [ ] _____
- [ ] _____
- [ ] _____

MY TO DO LIST

- [ ] _____
- [ ] _____
- [ ] _____
- [ ] _____
- [ ] _____
- [ ] _____
- [ ] _____
- [ ] _____
- [ ] _____
- [ ] _____
- [ ] _____
- [ ] _____
- [ ] _____
- [ ] _____
- [ ] _____

NOTES

DATE: _____   M T W T F S S

TOP 3 PRIORITIES FOR THE DAY

- [ ] _____
- [ ] _____
- [ ] _____

MY TO DO LIST

- [ ] _____
- [ ] _____
- [ ] _____
- [ ] _____
- [ ] _____
- [ ] _____
- [ ] _____
- [ ] _____
- [ ] _____
- [ ] _____
- [ ] _____
- [ ] _____
- [ ] _____
- [ ] _____
- [ ] _____

NOTES

DATE: _____   M T W T F S S

TOP 3 PRIORITIES FOR THE DAY

☐ _____
☐ _____
☐ _____

MY TO DO LIST

☐ _____
☐ _____
☐ _____
☐ _____
☐ _____
☐ _____
☐ _____
☐ _____
☐ _____
☐ _____
☐ _____
☐ _____
☐ _____
☐ _____
☐ _____

NOTES

DATE: _____   M T W T F S S

TOP 3 PRIORITIES FOR THE DAY
- [ ] _____
- [ ] _____
- [ ] _____

MY TO DO LIST
- [ ] _____
- [ ] _____
- [ ] _____
- [ ] _____
- [ ] _____
- [ ] _____
- [ ] _____
- [ ] _____
- [ ] _____
- [ ] _____
- [ ] _____
- [ ] _____
- [ ] _____
- [ ] _____
- [ ] _____

NOTES

DATE: _____   M T W T F S S

TOP 3 PRIORITIES FOR THE DAY

- [ ] _____
- [ ] _____
- [ ] _____

MY TO DO LIST

- [ ] _____
- [ ] _____
- [ ] _____
- [ ] _____
- [ ] _____
- [ ] _____
- [ ] _____
- [ ] _____
- [ ] _____
- [ ] _____
- [ ] _____
- [ ] _____
- [ ] _____
- [ ] _____
- [ ] _____

NOTES

DATE: _____   M T W T F S S

TOP 3 PRIORITIES FOR THE DAY

☐ _____
☐ _____
☐ _____

MY TO DO LIST

☐ _____
☐ _____
☐ _____
☐ _____
☐ _____
☐ _____
☐ _____
☐ _____
☐ _____
☐ _____
☐ _____
☐ _____
☐ _____
☐ _____
☐ _____

NOTES

DATE: _____   M T W T F S S

TOP 3 PRIORITIES FOR THE DAY

☐ _____
☐ _____
☐ _____

MY TO DO LIST

☐ _____
☐ _____
☐ _____
☐ _____
☐ _____
☐ _____
☐ _____
☐ _____
☐ _____
☐ _____
☐ _____
☐ _____
☐ _____
☐ _____
☐ _____

NOTES

DATE: _____   M T W T F S S

TOP 3 PRIORITIES FOR THE DAY

☐ _____
☐ _____
☐ _____

MY TO DO LIST

☐ _____
☐ _____
☐ _____
☐ _____
☐ _____
☐ _____
☐ _____
☐ _____
☐ _____
☐ _____
☐ _____
☐ _____
☐ _____
☐ _____
☐ _____

NOTES

DATE: _____   M T W T F S S

TOP 3 PRIORITIES FOR THE DAY

☐ _____
☐ _____
☐ _____

MY TO DO LIST

☐ _____
☐ _____
☐ _____
☐ _____
☐ _____
☐ _____
☐ _____
☐ _____
☐ _____
☐ _____
☐ _____
☐ _____
☐ _____
☐ _____
☐ _____
☐ _____

NOTES

DATE: _____   M T W T F S S

TOP 3 PRIORITIES FOR THE DAY

☐ _____
☐ _____
☐ _____

MY TO DO LIST

☐ _____
☐ _____
☐ _____
☐ _____
☐ _____
☐ _____
☐ _____
☐ _____
☐ _____
☐ _____
☐ _____
☐ _____
☐ _____
☐ _____
☐ _____
☐ _____

NOTES

DATE: _____   M T W T F S S

TOP 3 PRIORITIES FOR THE DAY

☐ _____
☐ _____
☐ _____

MY TO DO LIST

☐ _____
☐ _____
☐ _____
☐ _____
☐ _____
☐ _____
☐ _____
☐ _____
☐ _____
☐ _____
☐ _____
☐ _____
☐ _____
☐ _____
☐ _____

NOTES

DATE: _____   M T W T F S S

TOP 3 PRIORITIES FOR THE DAY

- [ ]
- [ ]
- [ ]

MY TO DO LIST

- [ ]
- [ ]
- [ ]
- [ ]
- [ ]
- [ ]
- [ ]
- [ ]
- [ ]
- [ ]
- [ ]
- [ ]
- [ ]
- [ ]
- [ ]
- [ ]

NOTES

DATE: _____   M T W T F S S

TOP 3 PRIORITIES FOR THE DAY

☐ _____
☐ _____
☐ _____

MY TO DO LIST

☐ _____
☐ _____
☐ _____
☐ _____
☐ _____
☐ _____
☐ _____
☐ _____
☐ _____
☐ _____
☐ _____
☐ _____
☐ _____
☐ _____
☐ _____

NOTES

DATE: _____   M T W T F S S

TOP 3 PRIORITIES FOR THE DAY

- [ ] _____
- [ ] _____
- [ ] _____

MY TO DO LIST

- [ ] _____
- [ ] _____
- [ ] _____
- [ ] _____
- [ ] _____
- [ ] _____
- [ ] _____
- [ ] _____
- [ ] _____
- [ ] _____
- [ ] _____
- [ ] _____
- [ ] _____
- [ ] _____
- [ ] _____
- [ ] _____

NOTES

DATE: _____   M T W T F S S

TOP 3 PRIORITIES FOR THE DAY

☐ _____
☐ _____
☐ _____

MY TO DO LIST

☐ _____
☐ _____
☐ _____
☐ _____
☐ _____
☐ _____
☐ _____
☐ _____
☐ _____
☐ _____
☐ _____
☐ _____
☐ _____
☐ _____
☐ _____

NOTES

DATE: _____   M T W T F S S

TOP 3 PRIORITIES FOR THE DAY

- [ ] _____
- [ ] _____
- [ ] _____

MY TO DO LIST

- [ ] _____
- [ ] _____
- [ ] _____
- [ ] _____
- [ ] _____
- [ ] _____
- [ ] _____
- [ ] _____
- [ ] _____
- [ ] _____
- [ ] _____
- [ ] _____
- [ ] _____
- [ ] _____
- [ ] _____

NOTES

DATE: _____   M T W T F S S

TOP 3 PRIORITIES FOR THE DAY

☐ _____
☐ _____
☐ _____

MY TO DO LIST

☐ _____
☐ _____
☐ _____
☐ _____
☐ _____
☐ _____
☐ _____
☐ _____
☐ _____
☐ _____
☐ _____
☐ _____
☐ _____
☐ _____
☐ _____
☐ _____

NOTES

DATE: _____   M T W T F S S

TOP 3 PRIORITIES FOR THE DAY

☐ _____
☐ _____
☐ _____

MY TO DO LIST

☐ _____
☐ _____
☐ _____
☐ _____
☐ _____
☐ _____
☐ _____
☐ _____
☐ _____
☐ _____
☐ _____
☐ _____
☐ _____
☐ _____
☐ _____

NOTES

DATE: _____   M T W T F S S

TOP 3 PRIORITIES FOR THE DAY

- [ ] _____
- [ ] _____
- [ ] _____

MY TO DO LIST

- [ ] _____
- [ ] _____
- [ ] _____
- [ ] _____
- [ ] _____
- [ ] _____
- [ ] _____
- [ ] _____
- [ ] _____
- [ ] _____
- [ ] _____
- [ ] _____
- [ ] _____
- [ ] _____
- [ ] _____

NOTES

DATE: _____   M T W T F S S

TOP 3 PRIORITIES FOR THE DAY

☐ _____
☐ _____
☐ _____

MY TO DO LIST

☐ _____
☐ _____
☐ _____
☐ _____
☐ _____
☐ _____
☐ _____
☐ _____
☐ _____
☐ _____
☐ _____
☐ _____
☐ _____
☐ _____
☐ _____

NOTES

DATE: _____   M T W T F S S

TOP 3 PRIORITIES FOR THE DAY

- [ ] _____
- [ ] _____
- [ ] _____

MY TO DO LIST

- [ ] _____
- [ ] _____
- [ ] _____
- [ ] _____
- [ ] _____
- [ ] _____
- [ ] _____
- [ ] _____
- [ ] _____
- [ ] _____
- [ ] _____
- [ ] _____
- [ ] _____
- [ ] _____
- [ ] _____
- [ ] _____

NOTES

DATE: _____   M T W T F S S

TOP 3 PRIORITIES FOR THE DAY

- [ ] _____
- [ ] _____
- [ ] _____

MY TO DO LIST

- [ ] _____
- [ ] _____
- [ ] _____
- [ ] _____
- [ ] _____
- [ ] _____
- [ ] _____
- [ ] _____
- [ ] _____
- [ ] _____
- [ ] _____
- [ ] _____
- [ ] _____
- [ ] _____
- [ ] _____

NOTES

DATE: _____　　　　　　M T W T F S S

TOP 3 PRIORITIES FOR THE DAY

- [ ] _____
- [ ] _____
- [ ] _____

MY TO DO LIST

- [ ] _____
- [ ] _____
- [ ] _____
- [ ] _____
- [ ] _____
- [ ] _____
- [ ] _____
- [ ] _____
- [ ] _____
- [ ] _____
- [ ] _____
- [ ] _____
- [ ] _____
- [ ] _____
- [ ] _____

NOTES

DATE: _____   M T W T F S S

TOP 3 PRIORITIES FOR THE DAY

☐ _____
☐ _____
☐ _____

MY TO DO LIST

☐ _____
☐ _____
☐ _____
☐ _____
☐ _____
☐ _____
☐ _____
☐ _____
☐ _____
☐ _____
☐ _____
☐ _____
☐ _____
☐ _____
☐ _____

NOTES

DATE: _____   M T W T F S S

TOP 3 PRIORITIES FOR THE DAY

☐ _____
☐ _____
☐ _____

MY TO DO LIST

☐ _____
☐ _____
☐ _____
☐ _____
☐ _____
☐ _____
☐ _____
☐ _____
☐ _____
☐ _____
☐ _____
☐ _____
☐ _____
☐ _____
☐ _____
☐ _____

NOTES

DATE: _____   M T W T F S S

TOP 3 PRIORITIES FOR THE DAY

☐ _____
☐ _____
☐ _____

MY TO DO LIST

☐ _____
☐ _____
☐ _____
☐ _____
☐ _____
☐ _____
☐ _____
☐ _____
☐ _____
☐ _____
☐ _____
☐ _____
☐ _____
☐ _____
☐ _____
☐ _____

NOTES

DATE: _____   M T W T F S S

TOP 3 PRIORITIES FOR THE DAY

- [ ] _____
- [ ] _____
- [ ] _____

MY TO DO LIST

- [ ] _____
- [ ] _____
- [ ] _____
- [ ] _____
- [ ] _____
- [ ] _____
- [ ] _____
- [ ] _____
- [ ] _____
- [ ] _____
- [ ] _____
- [ ] _____
- [ ] _____
- [ ] _____
- [ ] _____
- [ ] _____

NOTES

DATE: _____   M T W T F S S

TOP 3 PRIORITIES FOR THE DAY

☐ _____
☐ _____
☐ _____

MY TO DO LIST

☐ _____
☐ _____
☐ _____
☐ _____
☐ _____
☐ _____
☐ _____
☐ _____
☐ _____
☐ _____
☐ _____
☐ _____
☐ _____
☐ _____
☐ _____

NOTES

DATE: _____   M T W T F S S

TOP 3 PRIORITIES FOR THE DAY

- [ ] _____
- [ ] _____
- [ ] _____

MY TO DO LIST

- [ ] _____
- [ ] _____
- [ ] _____
- [ ] _____
- [ ] _____
- [ ] _____
- [ ] _____
- [ ] _____
- [ ] _____
- [ ] _____
- [ ] _____
- [ ] _____
- [ ] _____
- [ ] _____
- [ ] _____
- [ ] _____

NOTES

DATE: _____   M T W T F S S

TOP 3 PRIORITIES FOR THE DAY

☐ _____
☐ _____
☐ _____

MY TO DO LIST

☐ _____
☐ _____
☐ _____
☐ _____
☐ _____
☐ _____
☐ _____
☐ _____
☐ _____
☐ _____
☐ _____
☐ _____
☐ _____
☐ _____
☐ _____
☐ _____

NOTES

DATE: _____   M T W T F S S

TOP 3 PRIORITIES FOR THE DAY

☐ _____
☐ _____
☐ _____

MY TO DO LIST

☐ _____
☐ _____
☐ _____
☐ _____
☐ _____
☐ _____
☐ _____
☐ _____
☐ _____
☐ _____
☐ _____
☐ _____
☐ _____
☐ _____
☐ _____
☐ _____

NOTES

DATE: _____   M T W T F S S

TOP 3 PRIORITIES FOR THE DAY

- [ ]
- [ ]
- [ ]

MY TO DO LIST

- [ ]
- [ ]
- [ ]
- [ ]
- [ ]
- [ ]
- [ ]
- [ ]
- [ ]
- [ ]
- [ ]
- [ ]
- [ ]
- [ ]
- [ ]

NOTES

DATE: _____   M T W T F S S

TOP 3 PRIORITIES FOR THE DAY

☐ _____
☐ _____
☐ _____

MY TO DO LIST

☐ _____
☐ _____
☐ _____
☐ _____
☐ _____
☐ _____
☐ _____
☐ _____
☐ _____
☐ _____
☐ _____
☐ _____
☐ _____
☐ _____
☐ _____
☐ _____

NOTES

DATE: _____   M T W T F S S

TOP 3 PRIORITIES FOR THE DAY

- [ ] _____
- [ ] _____
- [ ] _____

MY TO DO LIST

- [ ] _____
- [ ] _____
- [ ] _____
- [ ] _____
- [ ] _____
- [ ] _____
- [ ] _____
- [ ] _____
- [ ] _____
- [ ] _____
- [ ] _____
- [ ] _____
- [ ] _____
- [ ] _____
- [ ] _____

NOTES

DATE: _____   M T W T F S S

TOP 3 PRIORITIES FOR THE DAY

☐ _____
☐ _____
☐ _____

MY TO DO LIST

☐ _____
☐ _____
☐ _____
☐ _____
☐ _____
☐ _____
☐ _____
☐ _____
☐ _____
☐ _____
☐ _____
☐ _____
☐ _____
☐ _____
☐ _____
☐ _____

NOTES

DATE: _____   M T W T F S S

TOP 3 PRIORITIES FOR THE DAY

☐ _____
☐ _____
☐ _____

MY TO DO LIST

☐ _____
☐ _____
☐ _____
☐ _____
☐ _____
☐ _____
☐ _____
☐ _____
☐ _____
☐ _____
☐ _____
☐ _____
☐ _____
☐ _____
☐ _____

NOTES

DATE: _____   M T W T F S S

TOP 3 PRIORITIES FOR THE DAY

- [ ] _____
- [ ] _____
- [ ] _____

MY TO DO LIST

- [ ] _____
- [ ] _____
- [ ] _____
- [ ] _____
- [ ] _____
- [ ] _____
- [ ] _____
- [ ] _____
- [ ] _____
- [ ] _____
- [ ] _____
- [ ] _____
- [ ] _____
- [ ] _____
- [ ] _____
- [ ] _____

NOTES

DATE: _____   M T W T F S S

TOP 3 PRIORITIES FOR THE DAY

☐ _____
☐ _____
☐ _____

MY TO DO LIST

☐ _____
☐ _____
☐ _____
☐ _____
☐ _____
☐ _____
☐ _____
☐ _____
☐ _____
☐ _____
☐ _____
☐ _____
☐ _____
☐ _____
☐ _____
☐ _____

NOTES

DATE: _____   M T W T F S S

TOP 3 PRIORITIES FOR THE DAY

☐ _____
☐ _____
☐ _____

MY TO DO LIST

☐ _____
☐ _____
☐ _____
☐ _____
☐ _____
☐ _____
☐ _____
☐ _____
☐ _____
☐ _____
☐ _____
☐ _____
☐ _____
☐ _____
☐ _____

NOTES

DATE: _____   M T W T F S S

TOP 3 PRIORITIES FOR THE DAY

- [ ] _____
- [ ] _____
- [ ] _____

MY TO DO LIST

- [ ] _____
- [ ] _____
- [ ] _____
- [ ] _____
- [ ] _____
- [ ] _____
- [ ] _____
- [ ] _____
- [ ] _____
- [ ] _____
- [ ] _____
- [ ] _____
- [ ] _____
- [ ] _____
- [ ] _____

NOTES

DATE: _____   M T W T F S S

TOP 3 PRIORITIES FOR THE DAY

- [ ] _____
- [ ] _____
- [ ] _____

MY TO DO LIST

- [ ] _____
- [ ] _____
- [ ] _____
- [ ] _____
- [ ] _____
- [ ] _____
- [ ] _____
- [ ] _____
- [ ] _____
- [ ] _____
- [ ] _____
- [ ] _____
- [ ] _____
- [ ] _____
- [ ] _____
- [ ] _____

NOTES

DATE: _____   M T W T F S S

TOP 3 PRIORITIES FOR THE DAY

☐ _____
☐ _____
☐ _____

MY TO DO LIST

☐ _____
☐ _____
☐ _____
☐ _____
☐ _____
☐ _____
☐ _____
☐ _____
☐ _____
☐ _____
☐ _____
☐ _____
☐ _____
☐ _____
☐ _____
☐ _____

NOTES

DATE: _____   M T W T F S S

TOP 3 PRIORITIES FOR THE DAY

- ☐ _____
- ☐ _____
- ☐ _____

MY TO DO LIST

- ☐ _____
- ☐ _____
- ☐ _____
- ☐ _____
- ☐ _____
- ☐ _____
- ☐ _____
- ☐ _____
- ☐ _____
- ☐ _____
- ☐ _____
- ☐ _____
- ☐ _____
- ☐ _____
- ☐ _____
- ☐ _____

NOTES

DATE: _____   M T W T F S S

TOP 3 PRIORITIES FOR THE DAY

- [ ] _____
- [ ] _____
- [ ] _____

MY TO DO LIST

- [ ] _____
- [ ] _____
- [ ] _____
- [ ] _____
- [ ] _____
- [ ] _____
- [ ] _____
- [ ] _____
- [ ] _____
- [ ] _____
- [ ] _____
- [ ] _____
- [ ] _____
- [ ] _____
- [ ] _____
- [ ] _____

NOTES

DATE: _____   M T W T F S S

TOP 3 PRIORITIES FOR THE DAY

☐ _____
☐ _____
☐ _____

MY TO DO LIST

☐ _____
☐ _____
☐ _____
☐ _____
☐ _____
☐ _____
☐ _____
☐ _____
☐ _____
☐ _____
☐ _____
☐ _____
☐ _____
☐ _____
☐ _____

NOTES

DATE: _____ M T W T F S S

TOP 3 PRIORITIES FOR THE DAY

- [ ]
- [ ]
- [ ]

MY TO DO LIST

- [ ]
- [ ]
- [ ]
- [ ]
- [ ]
- [ ]
- [ ]
- [ ]
- [ ]
- [ ]
- [ ]
- [ ]
- [ ]
- [ ]
- [ ]

NOTES

DATE: _____   M T W T F S S

TOP 3 PRIORITIES FOR THE DAY

☐ _____
☐ _____
☐ _____

MY TO DO LIST

☐ _____
☐ _____
☐ _____
☐ _____
☐ _____
☐ _____
☐ _____
☐ _____
☐ _____
☐ _____
☐ _____
☐ _____
☐ _____
☐ _____
☐ _____
☐ _____

NOTES

DATE: _____   M T W T F S S

TOP 3 PRIORITIES FOR THE DAY

☐ _____
☐ _____
☐ _____

MY TO DO LIST

☐ _____
☐ _____
☐ _____
☐ _____
☐ _____
☐ _____
☐ _____
☐ _____
☐ _____
☐ _____
☐ _____
☐ _____
☐ _____
☐ _____
☐ _____

NOTES

DATE: _____   M T W T F S S

TOP 3 PRIORITIES FOR THE DAY

- [ ] _____
- [ ] _____
- [ ] _____

MY TO DO LIST

- [ ] _____
- [ ] _____
- [ ] _____
- [ ] _____
- [ ] _____
- [ ] _____
- [ ] _____
- [ ] _____
- [ ] _____
- [ ] _____
- [ ] _____
- [ ] _____
- [ ] _____
- [ ] _____
- [ ] _____
- [ ] _____

NOTES

DATE: _____   M T W T F S S

TOP 3 PRIORITIES FOR THE DAY

- [ ] _____
- [ ] _____
- [ ] _____

MY TO DO LIST

- [ ] _____
- [ ] _____
- [ ] _____
- [ ] _____
- [ ] _____
- [ ] _____
- [ ] _____
- [ ] _____
- [ ] _____
- [ ] _____
- [ ] _____
- [ ] _____
- [ ] _____
- [ ] _____
- [ ] _____

NOTES

DATE: _____   M T W T F S S

TOP 3 PRIORITIES FOR THE DAY

- [ ] _____
- [ ] _____
- [ ] _____

MY TO DO LIST

- [ ] _____
- [ ] _____
- [ ] _____
- [ ] _____
- [ ] _____
- [ ] _____
- [ ] _____
- [ ] _____
- [ ] _____
- [ ] _____
- [ ] _____
- [ ] _____
- [ ] _____
- [ ] _____
- [ ] _____

NOTES

DATE: _____ M T W T F S S

TOP 3 PRIORITIES FOR THE DAY

- [ ] _____
- [ ] _____
- [ ] _____

MY TO DO LIST

- [ ] _____
- [ ] _____
- [ ] _____
- [ ] _____
- [ ] _____
- [ ] _____
- [ ] _____
- [ ] _____
- [ ] _____
- [ ] _____
- [ ] _____
- [ ] _____
- [ ] _____
- [ ] _____
- [ ] _____

NOTES

DATE: _____   M T W T F S S

TOP 3 PRIORITIES FOR THE DAY

- [ ] _____
- [ ] _____
- [ ] _____

MY TO DO LIST

- [ ] _____
- [ ] _____
- [ ] _____
- [ ] _____
- [ ] _____
- [ ] _____
- [ ] _____
- [ ] _____
- [ ] _____
- [ ] _____
- [ ] _____
- [ ] _____
- [ ] _____
- [ ] _____
- [ ] _____
- [ ] _____

NOTES

DATE: _____   M T W T F S S

TOP 3 PRIORITIES FOR THE DAY

☐ _____
☐ _____
☐ _____

MY TO DO LIST

☐ _____
☐ _____
☐ _____
☐ _____
☐ _____
☐ _____
☐ _____
☐ _____
☐ _____
☐ _____
☐ _____
☐ _____
☐ _____
☐ _____
☐ _____

NOTES

DATE: _____   M T W T F S S

TOP 3 PRIORITIES FOR THE DAY

- [ ] _____
- [ ] _____
- [ ] _____

MY TO DO LIST

- [ ] _____
- [ ] _____
- [ ] _____
- [ ] _____
- [ ] _____
- [ ] _____
- [ ] _____
- [ ] _____
- [ ] _____
- [ ] _____
- [ ] _____
- [ ] _____
- [ ] _____
- [ ] _____
- [ ] _____

NOTES

DATE: _____   M T W T F S S

TOP 3 PRIORITIES FOR THE DAY

☐ _____
☐ _____
☐ _____

MY TO DO LIST

☐ _____
☐ _____
☐ _____
☐ _____
☐ _____
☐ _____
☐ _____
☐ _____
☐ _____
☐ _____
☐ _____
☐ _____
☐ _____
☐ _____
☐ _____
☐ _____

NOTES

DATE: _____   M T W T F S S

TOP 3 PRIORITIES FOR THE DAY

- [ ] _____
- [ ] _____
- [ ] _____

MY TO DO LIST

- [ ] _____
- [ ] _____
- [ ] _____
- [ ] _____
- [ ] _____
- [ ] _____
- [ ] _____
- [ ] _____
- [ ] _____
- [ ] _____
- [ ] _____
- [ ] _____
- [ ] _____
- [ ] _____
- [ ] _____

NOTES

DATE: _____   M T W T F S S

TOP 3 PRIORITIES FOR THE DAY

☐ _____
☐ _____
☐ _____

MY TO DO LIST

☐ _____
☐ _____
☐ _____
☐ _____
☐ _____
☐ _____
☐ _____
☐ _____
☐ _____
☐ _____
☐ _____
☐ _____
☐ _____
☐ _____
☐ _____

NOTES

DATE: _____   M T W T F S S

TOP 3 PRIORITIES FOR THE DAY

☐ _____
☐ _____
☐ _____

MY TO DO LIST

☐ _____
☐ _____
☐ _____
☐ _____
☐ _____
☐ _____
☐ _____
☐ _____
☐ _____
☐ _____
☐ _____
☐ _____
☐ _____
☐ _____
☐ _____
☐ _____

NOTES

DATE: _____   M T W T F S S

TOP 3 PRIORITIES FOR THE DAY

- [ ] _____
- [ ] _____
- [ ] _____

MY TO DO LIST

- [ ] _____
- [ ] _____
- [ ] _____
- [ ] _____
- [ ] _____
- [ ] _____
- [ ] _____
- [ ] _____
- [ ] _____
- [ ] _____
- [ ] _____
- [ ] _____
- [ ] _____
- [ ] _____
- [ ] _____

NOTES

DATE: _____   M T W T F S S

TOP 3 PRIORITIES FOR THE DAY

☐ _____
☐ _____
☐ _____

MY TO DO LIST

☐ _____
☐ _____
☐ _____
☐ _____
☐ _____
☐ _____
☐ _____
☐ _____
☐ _____
☐ _____
☐ _____
☐ _____
☐ _____
☐ _____
☐ _____
☐ _____

NOTES

DATE: _____   M T W T F S S

TOP 3 PRIORITIES FOR THE DAY

- [ ] _____
- [ ] _____
- [ ] _____

MY TO DO LIST

- [ ] _____
- [ ] _____
- [ ] _____
- [ ] _____
- [ ] _____
- [ ] _____
- [ ] _____
- [ ] _____
- [ ] _____
- [ ] _____
- [ ] _____
- [ ] _____
- [ ] _____
- [ ] _____
- [ ] _____
- [ ] _____

NOTES

DATE: _____   M T W T F S S

TOP 3 PRIORITIES FOR THE DAY

☐ _____
☐ _____
☐ _____

MY TO DO LIST

☐ _____
☐ _____
☐ _____
☐ _____
☐ _____
☐ _____
☐ _____
☐ _____
☐ _____
☐ _____
☐ _____
☐ _____
☐ _____
☐ _____
☐ _____

NOTES

DATE: _____   M T W T F S S

TOP 3 PRIORITIES FOR THE DAY

- [ ] _____
- [ ] _____
- [ ] _____

MY TO DO LIST

- [ ] _____
- [ ] _____
- [ ] _____
- [ ] _____
- [ ] _____
- [ ] _____
- [ ] _____
- [ ] _____
- [ ] _____
- [ ] _____
- [ ] _____
- [ ] _____
- [ ] _____
- [ ] _____
- [ ] _____

NOTES

DATE: _____   M T W T F S S

TOP 3 PRIORITIES FOR THE DAY

☐ _____
☐ _____
☐ _____

MY TO DO LIST

☐ _____
☐ _____
☐ _____
☐ _____
☐ _____
☐ _____
☐ _____
☐ _____
☐ _____
☐ _____
☐ _____
☐ _____
☐ _____
☐ _____
☐ _____
☐ _____

NOTES

DATE: _____   M T W T F S S

TOP 3 PRIORITIES FOR THE DAY

- [ ] _____
- [ ] _____
- [ ] _____

MY TO DO LIST

- [ ] _____
- [ ] _____
- [ ] _____
- [ ] _____
- [ ] _____
- [ ] _____
- [ ] _____
- [ ] _____
- [ ] _____
- [ ] _____
- [ ] _____
- [ ] _____
- [ ] _____
- [ ] _____
- [ ] _____

NOTES

Printed in Great Britain
by Amazon